BEI GRIN MACHT SICH IHR WISSEN BEZAHLT

- Wir veröffentlichen Ihre Hausarbeit, Bachelor- und Masterarbeit

- Ihr eigenes eBook und Buch - weltweit in allen wichtigen Shops

- Verdienen Sie an jedem Verkauf

Jetzt bei www.GRIN.com hochladen und kostenlos publizieren

Der Einfluss des "Code Civil" auf Deutschland. Veränderungen und Auswirkungen während Napoleons Herrschaft

Bibliografische Information der Deutschen Nationalbibliothek:

Die Deutsche Nationalbibliothek verzeichnet diese Publikation in der Deutschen Nationalbibliografie; detaillierte bibliografische Daten sind im Internet über http://dnb.d-nb.de abrufbar.

ISBN: 9783389089781
Dieses Buch ist auch als E-Book erhältlich.

© GRIN Publishing GmbH
Trappentreustraße 1
80339 München

Alle Rechte vorbehalten

Druck und Bindung: Books on Demand GmbH, Norderstedt Germany
Gedruckt auf säurefreiem Papier aus verantwortungsvollen Quellen

Das vorliegende Werk wurde sorgfältig erarbeitet. Dennoch übernehmen Autoren und Verlag für die Richtigkeit von Angaben, Hinweisen, Links und Ratschlägen sowie eventuelle Druckfehler keine Haftung.

Das Buch bei GRIN: https://www.grin.com/document/1518327

Freie Universität Berlin Berlin, 15. März 2022

Modularbeit
im Fach „Theorie, Methode und Geschichte"

Napoleon Bonaparte und die Deutschen – Inwieweit hat Napoleon die Demokratiebewegung in diversen Territorien des heutigen Westdeutschlands vorangetrieben?

Inhaltsverzeichnis

1. Einleitung 1
2. Ende des Heiligen Römischen Reichs 2
3. Napoleons Code civil 2
   3.1 Hintergrund 2
   3.2 Inhalt 3
   3.3 Folgen 4
4. Schlacht bei Jena und Auerstedt 1806 7
5. Russlandfeldzug 7
6. Völkerschlacht bei Leipzig 8
7. Wiener Kongress 1814/1815 9
8. Fazit 9

Literaturverzeichnis 12

1. Einleitung

Bereits seit 1792 führte Frankreich Revolutionskrieg mit den wechselnden Koalitionen. Durch Napoleon Bonapartes militärisches Geschick gelang es ihm im November 1799 sich an die Macht zu putschen. Damit war nicht nur die Französische Revolution nach zehn Jahren beendet, sondern auch Napoleon wurde alleiniger Herrscher über Frankreich. Obwohl Napoleon in seiner Position mehr Einfluss und Macht besaß als jeder französische Monarch vor ihm, behielt die französische Gesellschaft den Nachrevolutionären Charakter. Es gab keine Rückkehr in das Ancien Régime, in welchem eine ständische Ordnung galt.[1]

Bonapartes Ziel war es nun die liberalen Ideen der französischen Revolution nach außen zu tragen und sich gegen die antifranzösische Koalition, bestehend aus Preußen, Österreich, Großbritannien, Spanien, Sardinien, Portugal, Neapel und den Niederlanden zu rüsten. Wie die Geschichte vieler europäischer Staaten, steht auch die deutsche Historie im Schatten der französischen Revolution. Obwohl sich zunächst der deutsche Boden nicht in Zusammenhang mit der französischen Revolution bringen ließ und die Deutschen eher als Beobachter der Gesamtsituation galten, geriert es Schritt für Schritt unter Einfluss Napoleons.[2] Zu Beginn fokussierte sich Napoleon besonders auf die angrenzenden Staaten des heutigen Westdeutschlands, denn im Gegensatz zu den anderen europäischen Staaten, die klar geographisch definierten Territorien besaßen, war der Begriff „Flickenteppich" kennzeichnend für das deutsche Volk. Ein Großteil Westdeutschlands war auf viele kleine Fürstenstaaten zerstreut.[3] Der Föderalismus der heutigen Bundesrepublik kann kaum einen Eindruck von der damaligen kleinstaatlichen Aufteilung Deutschlands darlegen. Keiner dieser Fürstenstaaten war wie man es heute kennt territorial abgegrenzt.

Es galt nie eine Herrschaft über ineinandergreifende Territorien, sondern es existierten Geltungsbereiche von Rechtsordnungen. Wenn in einem Dorf nassauisches Recht galt, konnte im nahliegenden Nachbardorf Mainzer Recht gelten. Uhrzeit, Gewichte und Maße wichen von Ort zu Ort ab und besonders das uneinheitliche Geldwesen beeinträchtigte den Wirtschaftsverkehr enorm. Die verschiedenen und vielen Fürstenstaaten weisen somit kein nationales und kulturelles Zentrum auf.[4]

---

[1] Bundeszentrale für politische Bildung (08.08.2012). Europa 1800-1850. Verfügbar unter: https://www.bpb.de/shop/zeitschriften/izpb/142105/1800-bis-1850/, (zugegriffen am 05.03.2022).
[2] Süßmann, Johannes: Vom Alten Reich zum Deutschen Bund 1789-1815. Seminarbuch Geschichte, Berlin 2015, S. 7.
[3] Grüntgens, Max/Dominik Kasper: Die Entwicklung eines nationalen Identitätsbewusstseins in den von Napoleon besetzten Ländern, in: Studentische Onlinezeitschrift für Geschichte und Geschichtsdidaktik 2 (1/2012), S. 112.
[4] Bundeszentrale für politische Bildung (08.08.2012). Das 19. Jahrhundert. Verfügbar unter: https://www.bpb.de/shop/zeitschriften/izpb/142105/1800-bis-1850/, (zugegriffen am 05.03.2022).

Die eindringende französische Armee unter Bonaparte exportierte die Grundätze der Französischen Revolution besonders zwischen 1803 bis 1815 nach ganz Europa. Unter von dem Napoleon eingeführten Code civil kam es zu einer enormen Veränderung der deutschen Verhältnisse, sei es politisch, wirtschaftlich, sozial, kulturell, rechtlich oder kirchlich.[5] Im Folgenden wird betrachtet für welche Veränderungen der Code civil vorrangig in den heutigen Westdeutschen Gebieten mit sich gebracht hat und was für Auswirkungen dies auf das Volk und die Entwicklung dieser Staaten hatte. Von Relevanz ist dabei auch, wie es vom Heiligen Römischen Reich zur Entstehung des Rheinbundes gekommen ist.

2. Ende des Heiligen Römischen Reichs

Der Einzug der französischen Armee unter Napoleon sorgte für eine Veränderung und Umwälzung der deutschen Verhältnisse. Das Heilige Römische Reich[6] hörte nach über 1000 Jahren auf zu existieren. Es bildete über den gesamten Zeitraum ein politisches System für Deutschland. Jegliche bestehende Rechtsbezirke und Grenzen um Territorien wurden in kurzer Zeit aufgehoben.[7] Napoleon eignete sich ab Juli 1806 alle westrheinischen Gebiete Schritt für Schritt an. Seine Intention war die Zersplitterung der übrig gebliebenen deutschen Fürstenstaaten zu beenden, und diese als Mittelmächte zu vereinigen.[8] Damit reduzierte er die Anzahl der deutschen Staaten drastisch und es kam zu der Bildung des Rheinbunds. Zu dem Rheinbund gehörte der Boden des heutigen Mecklenburg-Vorpommers, Sachsens, Bayerns, Hessens, Baden-Württembergs, Rheinland-Pfalz, Nordrhein-Westfalens und Niedersachsens. Die Deutschen, die die betroffenen Gebiete bewohnten, lebten ab sofort unter gleichem französischem Gesetz.[9]

3. Napoleons Code civil

3.1 Hintergrund

Bei dem Code civil handelt es sich um das bisher modernste Gesetzbuch im Zivilrecht, welches zu Napoleons Zeit existierte. Er vollendete die erste Fassung am 21. März im Jahr 1804, in welchem er sich zusätzlich selbst zum Kaiser krönte, und baute diesen weiterhin über die kommenden Jahre hinweg aus.[10] Napoleons Zielvorstellung war mit diesem Gesetzbuch die Durchbrüche und

---

[5] Süßmann: Vom Alten Reich zum Deutschen Bund, S. 7.
[6] **Heiliges Römisches Reich:** offizielle Bezeichnung für den Herrschaftsbereich der römisch deutschen Kaiser vom Spätmittelalter bis 1806.
[7] Süßmann: Vom Alten Reich zum Deutschen Bund, S. 7.
[8] Demokratie Geschichten (05.05.2021), Napoleon und die Demokratie in Deutschland. Verfügbar unter: https://www.demokratiegeschichten.de/napoleon-und-die-demokratie-in-deutschland/ (zugegriffen am 04.03.2022).
[9] Grüntgens: Die Entwicklung eines nationalen Identitätsbewusstseins in den von Napoleon besetzten Ländern, S. 109.
[10] Bundeszentrale für politische Bildung (08.08.2012), Europa 1800-1850. Verfügbar unter: https://www.bpb.de/shop/zeitschriften/izpb/142105/1800-bis-1850/, (zugegriffen am 05.03.2022).

Errungenschaften der Französischen Revolution festzuhalten, um eine einheitliche und überall geltende Rechtordnung formen zu können. Damit es ihm auch gelingen konnte diese Rechtsordnung in weiteren Staaten außer dem französischem selbst durchsetzen zu können führte er Krieg gegen die europäischen Staaten. Der Rheinbund unterstütze Napoleon ab 1806 dabei militärisch, da er seit der Gründung Bonapartes jederzeit dazu verpflichtet war.[11] Die Errungenschaften der Revolution beruhten weitgehend auf der Idee der Aufklärung. „Aufklärung ist der Ausgang des Menschen aus seiner selbstverschuldeten Unmündigkeit. Unmündigkeit ist das Unvermögen sich seines Verstandes ohne Leitung eines anderen zu bedienen."[12], sprich, der Mensch soll ohne äußere Einflüsse und die Führung anderer frei und nach eigenem Willen handeln dürfen.

3.2   Inhalt

Zu Bonapartes Reformen durch den Code civil gehörten viele verschiedene Aspekte. Es kam zu einer kompletten Umordnung des bestehenden Rechtssystems. Napoleon sorgte durch sein Gesetzbuch für die Einführung der Bürokratie, Religions- und Gewerbefreiheit, rechtliche Gleichheit vor dem Gesetz, Modernisierung der Justiz, Schutz des Privateigentums und die Trennung von Staat und Kirche. Die Gewerbefreiheit sorgte dafür, dass jeder nach eigenem Interesse und Fähigkeiten seinen Beruf wählen konnte und stellte die Marktwirtschaft auf eine rechtliche Basis. Dabei verlor die Stellung des Adels und des Klerus immer weiter an Bedeutung, da es zur Abschaffung der Ständegesellschaft kam.[13] Bei einer Gesellschaft, bei welcher die Einteilung nach Ständen erfolgt, handelt es sich nicht um eine Gesellschaftsstruktur, denn sie weist keine Kennzeichen auf, welche charakteristisch für die Ordnung einer solchen wären (wie beispielsweise einer Wirtschaftsform oder Ideologie). Man sollte eher von einem Sozialgebilde sprechen, aus welchem sich Schritt für Schritt eine moderne Gesellschaft entwickelt hat.[14] Jedoch konnte Napoleon trotzdem die deutschen Fürsten auf seine Seite ziehen und überführte sie zu Bundesgenossen, indem er jedem von ihnen Besitztum verschaffte, welches jeder bei der Rückkehr der alten Rechtsordnung wieder verloren hätte. Beispielsweise ernannte Bonaparte einige Fürsten zu Königen. Somit gelang es Napoleon die Fürsten von sich und seinen Vorstellungen zu überzeugen und sie gegen den Kaiser auszuspielen.[15] Insgesamt entwarf Bonaparte fünf verschiedene Codes (Gesetzbücher), zu welchem auch der Code civil aus dem Jahr 1804 gehört. 1806 erschien der Code de procédure civile, die Zivilprozessordnung, im Jahr darauf der Code de commerce, das Handelsgesetzbuch, 1808 der Code d'instruction

---

[11]   Spiegel Politik (28.11.2004), Der Vater Europas. Verfügbar unter: https://www.spiegel.de/politik/der-vater-europas-a-c61d2598-0002-0001-0000-000038016980?context=issue, (zugegriffen am 06.03.2022).
[12]   Kant, Immanuel: Beantwortung der Frage: Was ist Aufklärung?, in: Berlinische Monatsschrift (4/1783), S. 481. Bundeszentrale für politische Bildung (21.01.2010), Europa unter Modernisierungsdruck. Verfügbar unter: https://www.bpb.de/shop/zeitschriften/izpb/142105/1800-bis-1850/ (zugegriffen am 05.03.2022).
[14]   Süßmann: Vom Alten Reich zum Deutschen Bund, S. 83.
[15]   Ebenda, S. 131.

criminelle, die Strafprozessordnung und Ende Februar 1810 der Code pénal, das Strafgesetzbuch. Alle der Gesetzbücher enthielte prägende Neuerungen und sollten beträchtlichen Einfluss auf die anderen Länder nehmen.[16] Diese Justizreform Napoleons gliederte das System orientiert an der französischen Ordnung nach Departements, Distrikte, Kantonen und Kommunen, dessen Administrationen von oben nach unten bestimmt wurde. Zentralisiert wurde das System in Kassel, wodurch die rivalisierenden Gerichtshöfe und Gewalten beseitigt worden sind.[17]

Es entstand durch Napoleon also nicht nur eine geographische Einheit Westdeutschlands, sondern auch eine rechtliche. Die heutige Justizordnung lässt sich zurückführen auf die von vor 200 Jahren von Napoleon entworfene Ordnung. Damit ebnet Napoleon den ersten Weg in eine Demokratie, denn ein Rechtsstaat, der nicht mit gleichen Rechten und Pflichten für alle ist, stellt keine Volksherrschaft und Gleichheit vor dem Gesetz dar.

3.3   Folgen

Wie aus dem vorherigen Abschnitt hervorgeht, hatte Napoleon großen Einfluss auf die Sozialstruktur der Gesellschaft und das Wirtschaftsleben. Was die Sozialstruktur der Gesellschaft angeht, spielt die Bauernbefreiung eine zentrale Rolle, da viele Beschränkungen der eigenen Entscheidungsfreiheit der bäuerlichen Bevölkerung beseitigt wurden. Es war möglich Land zu erwerben und sich durch Zahlungen durch Arbeitsdienste für seinen Grundheeren freizukaufen. Die Möglichkeit Landeigentum zu erwerben, geht Hand in Hand mit der Einführung der Gewerbefreiheit, welche Niederlassungsfreiheit für jeden garantierte, der ein Handelsgeschäft oder einen Betrieb eröffnen wollte. Mit diesen Neuerungen wurde ein Fundament für eine liberale Wirtschafsordnung mit freiem Wettbewerb gelegt.[18] Die Erneuerung der Rechtsordnung, Verwaltung und Justiz kam auch der kapitalistischen Marktwirtschaft als auch der Religionsfreiheit zugute. Darüber hinaus galt durch den Code civil ab 1806 in den von Napoleon besetzten deutschen Staaten eine allgemeine Wehrpflicht, welche für eine Politisierung der breiten Bevölkerungsschicht sorgte, da somit jeder indirekt an dem politischen Geschehen beteiligt und diesem verpflichtet war.[19] Die deutsche Bevölkerung der Rheinbundstaaten erhoffte sich viel von den Bestimmungen der neuen Gesetzgebung, jedoch verbreitete sich immer weiter der Ausdruck, dass man die Neuerungen als aufgezwungen empfinden würde. Schließlich war es vor allem die deutsche Bevölkerung, welche Napoleons Reform- und Eroberungskriege gegen Russland durch hohe Steuern bezahlen musste und stetig mehr Soldaten

---

[16] Bundeszentrale für politische Bildung (08.08.2012), Europa 1800-1850. Verfügbar unter: https://www.bpb.de/shop/zeitschriften/izpb/142105/1800-bis-1850/ (zugegriffen am 05.03.2022).
[17] Süßmann: Vom Alten Reich zum Deutschen Bund, S. 177.
[18] Bundeszentrale für politische Bildung (08.08.2012), Das 19. Jahrhundert. Verfügbar unter: https://www.bpb.de/shop/zeitschriften/izpb/142105/1800-bis-1850/ (zugegriffen am 05.03.2022).
[19] Süßmann: Vom Alten Reich zum Deutschen Bund, S. 143.

verlor, da immer aufs Neue mehr einberufen wurden sind. Bonaparte erschwerte es damit einigen Staaten sich aufzubauen, da er diese wirtschaftlich ausbeutete.

Vor allem wurde dadurch die zunächst anfängliche Begeisterung des deutschen Volkes geschwächt.[20] Der Reichspatriotismus beziehungsweise die anfängliche deutsche Nationalbewegung war auf eine kleinere Gruppe der Bevölkerung begrenzt. In der Fachwissenschaft schätzt man, dass zu Beginn keine Rede davon war, dass man die von Napoleon eingeführten Gesetze als aufgezwungen empfand. Man geht eher davon aus, dass solche Gedanken in der nationalbewussten Bildungsschicht ihren Ursprung fanden, aber an dem weniger gebildeten Bauernvolk anfangs vorbeiging.[21] Es werde auch sehr oft überschätzt wie viele Deutsche sich im Anfangsstadium von Napoleons Reformkriegen freiwillig gemeldet haben.[22] Es ist von besonderer Bedeutung dabei festzuhalten, dass die antinapoleonische Bewegung, welche sich mit der Zeit immer weiter ausweitete, keinesfalls als ein einheitlich deutsches Bestreben eingeschätzt werden darf, da die Einstellung zu Napoleon von Schicht zu Schicht, als auch von Region zu Region, unterschiedlich war. Man darf nicht aus den Augen verlieren, dass die napoleonische Herrschaft verschiedene Reaktionen in den verschiedenen deutschen Gebieten veranlasst hat und man nicht von einer umfassenden und allgemeinen antinapoleonischen Stimmung in ganz Deutschland sprechen kann. Preußen und der Rheinbund waren beispielsweise verschiedene deutsche Gebiete, mit verschiedenen Erfahrungen im Umgang mit Napoleon und seinen Rechtsgebungen des Code civil.[23] Besonders Preußen litt unter Napoleon nach der Schlacht bei Jena und Auerstedt 1806.

Da der „Flickenteppich" durch Bonaparte verringert wurde und sein Code civil für eine einheitliche Gesetzgebung sorgte, wird deutlich, dass Napoleon mit seinen Veränderungen den Weg für das Wachsen eines nationalen Identitätsbewusstseins der Deutschen ebnete, ohne dies als sein konkretes Ziel anzustreben.[24] Durch dieses sich ausbauende Nationalbewusstsein, intensivierte sich ein Gemeinschaftsgefühl und Zusammenhalt im deutschen Volk, als sich die antinapoleonische Stimmung verbreitete. Diese Stimmung baute sich stets ab 1806 aus, als die allgemeine Wehrpflicht eingeführt wurde. Bis 1806 waren Napoleons Revolutionskriege ausschließlich als Kabinettkriege geführt wurden. Das bedeutet, dass jene Kriege, die bis dato stattgefunden hatten, von der

---

[20] Demokratie Geschichten (05.05.2021), Napoleon und die Demokratie in Deutschland. Verfügbar unter: https://www.demokratiegeschichten.de/napoleon-und-die-demokratie-in-deutschland/ (zugegriffen am 04.03.2022).
[21] Rogosch, Detlef: Das Heilige Römische Reich Deutscher Nation und die Entstehung des deutschen Nationalgefühls, in: Timmermann, Heiner (Hrsg.): Die Entstehung der Nationalbewegung in Europa 1750-1849, Berlin 1993, S. 28.
[22] Planert, Ute: Wann beginnt der moderne deutsche Nationalsozialismus? Plädoyer für eine nationale Sattelzeit, in: Echternkamp, Jörg/Müller, Sven Oliver (Hrsg.): Die Politik der Nation. Deutscher Nationalsozialismus in Krieg und Krisen 1760-1960, München 2002, S. 55.
[23] Akaltin, Ferdi: Die Befreiungskriege im Geschichtsbild der Deutschen im 19. Jahrhundert, Diss. Freiburg 1996, S. 35-37.
[24] Grüntgens: Die Entwicklung eines nationalen Identitätsbewusstseins in den von Napoleon besetzten Ländern, S. 199.

Berufsarmee geführt wurden. Die Zivilbevölkerung sollte so wenig wie möglich von diesen mitbekommen und dementsprechend auch aus ihnen rausgehalten werden. Ziel war es ursprünglich jeden zu verschonen, der von Bedeutung für das Wirtschaftsleben war. Dies änderte sich jedoch ab 1806 als es zur Einführung der allgemeinen Wehrpflicht kam. Wer genug Vermögen besaß konnte sich freikaufen, ansonsten musste jeder männliche Bürger zum Wehrdienst bereit sein. Die Gegner Preußen und Österreich wollten Napoleons vorgehen erst vermeiden und nicht auf ihr eigenes Volk übernehmen, doch dies blieb unumgänglich. Ihnen stand ab 1806 eine immer größere werdende Gruppe von Mittelstaaten des Rheinbunds gegenüber, weshalb sich wegen des Drucks den Bonaparte ausübte die übriggebliebenen deutschen Staaten anschlossen. Auch die Rheinbundstaaten gewannen an Bedeutsamkeit und Gewicht, da sie mit Frankreich verbündet waren ebenfalls von den Siegen gegen die Großmächte Preußen und Österreich profitierten. Beide schlossen sich zunächst nicht gegen Napoleon zusammen aufgrund von Aversion und Rivalität.[25]

Der Fakt, dass die westlichen Gebiete trotz der Macht Napoleons stets im Schatten Frankreichs und der Besetzung Bonapartes stehen und ihm permanent unterworfen sein würden, trug elementar dazu bei, dass das bereits sich entwickelnde National- und Unabhängigkeitsgefühl sich weiter ausbaute und politisiert wurden. Ziel der deutschen Bevölkerung der westlichen Gebiete war es nun einen politisch deutschen Gesamtverband aufzubauen, um ein selbständiger Staat werden zu können.[26] Die Weiterentwicklung zu einem Identitätsbewusstsein der Deutschen im Zusammenhang mit der antinapoleonischen Bewegung zeigte sich zusätzlich über entstehende Vereine und Verbände, welche sich über die ehemaligen Staatsgrenzen hinweg entwickelten. Die wachsenden Befreiungskriege gegen Bonapartes Unterdrückung sind ebenfalls charakteristisch für die Entwicklung eines nationalen Identitätsbewusstseins, der im gemeinsamen Kampf der Deutschen aus unterschiedlichen Staaten, welche zuvor nichts miteinander zu tun und kooperiert hatten, deutlich wird. Es kristalisiert sich, dass das deutsche Volk aus den Ideen und Gesetzen, die Napoleon ihnen aufgezwungen hatte, ein Freiheitsgedanke entwickelte, welcher die Deutschen nicht mehr losließ.[27] Die antinapoleonischen Bewegungen in den Befreiungskriegen spiegeln das Temperament einer nationalen Volkserhebung wider (Identitäts- und Unabhängigkeitsbewusstsein). Man möchte das gesamte Land befreien und das Band zwischen den Rheinbundstaaten wird unumgänglich stärker.[28]

---

[25] Süßmann: Vom Alten Reich zum Deutschen Bund, S. 138.
[26] Treue, Wilhelm: Deutsche Geschichte von 1806 bis 1890. Vom Ende des Alten bis zur Höhe des neuen Reiches, Berlin 1961, S.12.
[27] Grüntgens: Die Entwicklung eines nationalen Identitätsbewusstseins in den von Napoleon besetzten Ländern, S. 108ff.
[28] von Sayn-Wittgenstein-Berleburgs, Adolph Peter Graf: Napoleons edle Handlungen gegen den Rheinbund, den Papst, und seine wohlwollende Gesinnungen gegen die Deutschen, Nordrhein-Westfalen 1813, S. 14-16.

4. Schlacht bei Jena und Auerstedt 1806

Wie bereits festgehalten führte Napoleon seine Revolutionskriege gegen Preußen und Österreich. Am 14. Oktober 1806 muss Preußen aufgrund seiner Niederlage in der Schlacht bei Jena und Auerstedt (Thüringen) sich dem Feind Frankreich ergeben. Preußen wird trotz Misserfolg zwar nie Teil des Rheinbunds, aber muss die Hälfte seines Herrschaftsgebiets an Frankreich abgeben. Zudem ist es von Bonaparte nach der Kapitulation verpflichtet worden enorm hohe Entschädigungen zu zahlen und Restriktionen seiner Armee hinzunehmen. Somit kontrolliert Napoleon nahezu den gesamten Kontinent. Zu diesem Zeitpunkt war Napoleon für die Menschen in Preußen ein grenzen- und hemmungsloser Aggressor, für die Rheinbundstaaten wiederum, welche an Frankreich grenzten, der Kurier einer neuen Zeit.[29] Denn die anfängliche Begeisterung im Westen und Süden, lässt sich nicht auf die Gebiete im und Osten Deutschlands übertragen. Zehn Jahre lang herrschte in Preußen Frieden. Die Niederlage gegen Frankreich stürzte den gesamten Staat in eine Wirtschaftskrise, wie Preußen sie noch nicht erlebt hatte.

Die Wirtschaftskrise fand ihren Ursprung in der Handelsspeere gegen England, welche Napoleon einen Monat nach der Schlacht, am 21. November 1806 verhängte. Seine Intention war damit nicht nur Preußen, sondern auch seinen größten Rivalen England zu unterdrücken. Jedoch litt auch sein eigenes Reich unter dem Beschluss, da viele Handelszentren in um ihre Existenz kämpfen mussten. Mit der Zeit begann auch der Gemütszustand in den Rheinbundstaaten sich zu wenden, da auch dort die Kontinentalspeere seine Auswirkungen bemerkbar machte. Darüber hinaus forderten die Kriege in Spanien (1808) und Russland (seit 1812) viele Soldaten der westlichen und Napoleon verbündeten deutschen Staaten, aufgrund der von ihm eingeführten Wehrpflicht. Die neuen Gesetze (Code civil) und dessen Opfer, die die Rheinbundstaaten infolgedessen preisgeben (z.B. Soldaten, hohe Steuern) mussten, sorgte in den westlichen Gebieten für eine Stimmung, die sich zwischen Kooperation und Widerstand mit beziehungsweise gegen Bonaparte befand.[30]

5. Russlandfeldzug

Nachdem Preußen sich nach der Schlacht bei Jena und Auerstedt wirtschaftlich am Ende befand, forderten viele Bürger der preußischen Bevölkerung gemeinsam mit den Russen gegen die Zwangsherrschaft von Napoleon in den Krieg zu ziehen, um das eigene Land zu befreien.[31] Auch Russland möchte sich nicht mehr an die angeordneten Maßnahmen Frankreichs halten. Napoleon

---

[29] Demokratie Geschichten (05.05.2021), Napoleon und die Demokratie in Deutschland. Verfügbar unter: https://www.demokratiegeschichten.de/napoleon-und-die-demokratie-in-deutschland/ (zugegriffen am 04.03.2022).
[30] Bundeszentrale für politische Bildung (21.01.2010), Europa unter Modernisierungsdruck. Verfügbar unter: https://www.bpb.de/shop/zeitschriften/izpb/142105/1800-bis-1850/ (zugegriffen am 05.03.2022).
[31] von Sayn-Wittgenstein-Berleburgs: Napoleons edle Handlungen gegen den Rheinbund, S. 14-16.

möchte Russland dafür bestrafen und schickt seine Grande Armée mit rund 600.000 Soldaten im Juni 1812 in den Kampf. Mit einer solch großen Armee führte Napoleon noch nie einen seiner Kriege. Bei der Hälfte der Soldaten handelte es sich um Franzosen, während sich der Rest aus Deutschen, Polen, Dänen, Schweden, Niederländer, Schweizern, Italienern, Belgiern, Slowenen, Spaniern, Kroaten und Portugiesen zusammensetzte.

In der Besetzung der Grande Armée spiegelt sich der europäische Charakter von Napoleons Herrschaft wider und zeigt, wie mächtig diese war. Abgesehen von den französischen Soldaten, bildeten die Deutschen die Zweitgrößte Gruppe mit rund 130.000 Mann, welche der Rheinbund stellte. Preußen stellte wiederum nur 20.000 Soldaten. Der russische Winter während des Feldzugs schwächte Napoleons Grande Armée und sorgte für enorme Verluste: Von 28.000 Männern aus dem Königreich Westphalen kamen unter 1000 Soldaten zurück.[32] Nur jeder fünfte Soldat kehrte nach dem Feldzug aus Russland zurück. Eine solch große Niederlage löst besonders in den besetzten deutschen Staaten von Bonaparte nationalen Widerstand aus und ist auch ein elementarer Faktor für die ausbrechenden Befreiungskriege.

6. Völkerschlacht bei Leipzig

In der nachfolgenden Zeit kam es zu Verhandlungen zwischen Napoleon und seinen Gegnern. Als Bonaparte jegliche Forderungen verweigert, eröffnet eine neue Koalition unter der Führung Russlands, Preußens und Österreich erneut einen Krieg gegen Napoleon. Der Höhepunkt des Krieges ist dabei die Völkerschlacht von Leipzig am 16. Oktober 1813.[33] Unter den Männern, welche knapp 500.000 Soldaten bildeten, befanden sich auf beiden Seiten der Armeen Deutsche. Es kämpften Polen, Russland, Österreich, Schweden und Preußen gegen Franzosen, Polen und den Rheinbundstaaten. Napoleon verlor die Schlacht und damit auch 73.000 Männer seiner Armee. In der dreitägigen Schlacht fielen durchschnittlich pro Tag 30.000 Soldaten. Der Kampf beendet nicht den Krieg gegen Napoleon, jedoch kam das Ende seiner Vorherrschaft in Deutschland immer näher.[34] Nach den extremen Verlusten, die die Rheinbundstaaten in den vergangenen Schlachten und Kriegen unter Bonaparte erfuhren, wechselten auch sie die Seite und ein Großteil der Bevölkerung richtete sich gegen Napoleon und seine Vorherrschaft.[35]

---

[32] Hoffmann, Peter: Napoleons Russlandfeldzug 1812 und die Befreiungskriege 1813 bis 1815 in der deutschen Geschichtsschreibung nach 1945, in: Zeitschrift für Geschichtswissenschaft (61/2013), S. 30-40.
[33] Demokratie Geschichten (05.05.2021), Napoleon und die Demokratie in Deutschland. Verfügbar unter: https://www.demokratiegeschichten.de/napoleon-und-die-demokratie-in-deutschland/ (zugegriffen am 04.03.2022).
[34] Bundeszentrale für politische Bildung (08.08.2012), Europa 1800-1850. Verfügbar unter: https://www.bpb.de/shop/zeitschriften/izpb/142105/1800-bis-1850/ (zugegriffen am 05.03.2022).
[35] Bundeszentrale für politische Bildung (21.01.2010), Europa unter Modernisierungsdruck. Verfügbar unter: https://www.bpb.de/shop/zeitschriften/izpb/142105/1800-bis-1850/ (zugegriffen am 05.03.2022).

7. Wiener Kongress 1814/1815

Der Zeitabschnitt, welcher in der vorliegenden Arbeit betrachtet wird, endet mit dem Wiener Kongress 1814/15. Der Ton wurde von den fünf Großmächten angegeben, welche die gleichen blieben wie vor 1792: Preußen, Russland, Österreich, Großbritannien und Frankreich, nun aber unter einem neuen König. Die Alliierten planten, wie Europa nach der Abdankung Napoleons politisch und von den Landesgrenzen geordnet werden soll. Bonaparte wird auf die Insel Elba verbannt.[36] Die Fürsten möchten bei dem Kongress die Französische Revolution ungeschehen machen und Europa restaurieren, indem sie die alte politische Ordnung wiederherstellen. Jedoch lässt sich schnell erkennen, dass Napoleon bei dem Menschen Spuren hinterlassen hat, da es den monarchistischen Herrschern nicht gelingt den Liberalismus zu verbannen. Besonders die Rheinbundstaaten werden zum Ursprung des Frühliberalismus und viele Grundlagen des Code civil bleiben bestehen.[37]

8. Fazit

Mit dem Abschnitt der Französischen Revolution begann die Moderne in Deutschland. Auf deutschem Boden hätte sich die moderne Welt nicht selbstständig durchsetzen können, wenn sie nicht durch Napoleon und Frankreich implantiert wurden wäre. Schließlich haben die Deutschen keine eigenständige Revolution begonnen.[38]

Ohne es gezielt zu wollen hat Napoleon mit seiner Gesetzgebung den Liberalismus nach Westdeutschland gebracht. Seine eigentliche Intention mit dem Code civil war Europa einheitlich zu gestalten, um anschließend als Alleinherrscher regieren zu können, denn seine Profession war der Krieg. Bonaparte war viel mehr ein Profiteur der Revolution, aber keiner der jene selbstständig vorangetrieben hatte. Seine Handlungen waren stets situationsabhängig und auf seinen eigenen Vorteil bedacht, um seine alleinige Macht stärken zu können.[39] Dabei verlor er aus dem Blick, dass er nicht nur die Idee eines vereinten Deutschlands, sondern vor allem die Idee eines demokratischen Deutschlands grundlegend vorangetrieben hat. Die bipolare Grundstruktur und kontrastreiche Führung Napoleons, war das was ihn und seine Herrschaft charakterisierte: In einem Moment ruft er gegen die Unterdücker auf, möchte aber im selben Moment alleiniger Herrscher über ganz Europa sein und jeden der ihn darin hintern könnte besetzten.[40]

---

[36] Bundeszentrale für politische Bildung (08.08.2012), Europa 1800-1850. Verfügbar unter: https://www.bpb.de/shop/zeitschriften/izpb/142105/1800-bis-1850/ (zugegriffen am 05.03.2022).
[37] Demokratie Geschichten (05.05.2021), Napoleon und die Demokratie in Deutschland. Verfügbar unter: https://www.demokratiegeschichten.de/napoleon-und-die-demokratie-in-deutschland/ (zugegriffen am 04.03.2022).
[38] Süßmann: Vom Alten Reich zum Deutschen Bund, S. 143.
[39] Ebenda, S. 126.
[40] Möller, Frank (Hrsg.): Charismatische Führer der deutschen Nation, München 2004, S. 24.

Besonders für die Demokratisierung der westdeutschen Staaten sorgte die Vereinigung der Fürstenstaaten, um die Mittelmächte zu vereinigen. Er reduzierte die Anzahl der deutschen Staaten und sorgte für eine geographische Einheit Westdeutschlands.[41] Dies war der erste Grundlegende Pfeiler für die Schaffung eines Identitäts- und Nationalbewusstseins der Rheinbundstaaten, welches essenziell für den Aufbau eines demokratischen Staats ist. Dazu gehört auch die komplette Umordnung des Rechtssystems, mit welchem Bonaparte der Marktwirtschaft eine rechtliche Basis bot, die Stellung des Adels und Klerus an Bedeutung abnahm und damit einhergehend die Ständegesellschaft abschaffte. Darüber hinaus lässt sich die heutige Justizform auf die von Napoleon entworfene Ordnung zurückführen. Ein weiterer Punkt, der für eine Demokratiebewegung Bonapartes in den westdeutschen Staaten spricht, ist folgender: Obwohl die Fürsten auf dem Wiener Kongress die alte politische Ordnung wiederherstellen wollten, gelang es ihnen nicht, da sich der Liberalismus aus den Köpfen der Bevölkerung nicht wieder verbannen ließ. Die Rheinbundstaaten entwickelten sich schließlich zum Ursprung des Frühliberalismus.[42]

All diese Errungenschaften brachten aber auch ihre Opfer mit sich. Die Kontinentalsperre gegen England brachte viele Handelszentren um ihre Existenz. Und sie stürzte vor allem Preußen in eine wirtschaftliche Krise. Dazu kamen die hohen Steuern, welche die von Napoleon besetzten Gebiete zahlen mussten. Zusätzlich verloren die Deutschen viele ihrer Soldaten in den Kriegen gegen Spanien, Russland oder in der Völkerschlacht von Leipzig. Die von Napoleon unterworfenen Gebiete standen stetig im Schatten von Frankreich und die von Bonaparte stets proklamierte Freiheit kam kaum zum Ausdruck. Diese extreme Unterdrückung und Gebundenheit schweißte die Deutschen jedoch zusammen und entwickelte ein National- und Unabhängigkeitsgefühl, wie es es zuvor nie gegeben hat.[43]

Bonaparte scheint zwar in der deutschen Nation zum Ende seiner Regierung nicht beliebt gewesen zu sein, jedoch galt er als Inspiration, da sich viele Staaten von seinem Code civil leiten ließen und als Orientierung zum Aufbau eines Nationalstaates wahrnahmen. Die gesamtdeutsche Identität wurde durch ihn gestärkt. Zuvor existierten auf deutschem Boden keine Reichsverwaltung, keine Reichsarmee, kein einheitliches Finanzwesen und kein allgemeines Recht für alle Anwohner des Reiches.[44] Jegliche Eigenschaften, welche kennzeichnend für eine Demokratie sind, entstanden

---

[41] Demokratie Geschichten (05.05.2021), Napoleon und die Demokratie in Deutschland. Verfügbar unter: https://www.demokratiegeschichten.de/napoleon-und-die-demokratie-in-deutschland/ (zugegriffen am 04.03.2022).
[42] Demokratie Geschichten (05.05.2021), Napoleon und die Demokratie in Deutschland. Verfügbar unter: https://www.demokratiegeschichten.de/napoleon-und-die-demokratie-in-deutschland/ (zugegriffen am 04.03.2022).
[43] Treue, Wilhelm: Deutsche Geschichte von 1806 bis 1890. Vom Ende des Alten bis zur Höhe des neuen Reiches, Berlin 1961, S.12.
[44] Bundeszentrale für politische Bildung (08.08.2012), Das 19. Jahrhundert. Verfügbar unter: https://www.bpb.de/shop/zeitschriften/izpb/142105/1800-bis-1850/ (zugegriffen am 05.03.2022).

erstmals durch Napoleons Einfluss, denn seine Expansionen erschütterten die alte Ordnung und setzten in kürzester Zeit einen umfassenden Modernisierungsprozess in Gang. Im selben Atemzug trug der deutsche Widerstand gegen die französische Besatzung einer deutschen Nationalbewegung bei, welche nicht ausschließlich die Erlösung der französisch besetzten Gebiete erstrebte, sondern stets auch für nationale Einheit und Selbstbestimmung kämpfte.

Literaturverzeichnis

Sekundärliteratur:

Akaltin, Ferdi: Die Befreiungskriege im Geschichtsbild der Deutschen im 19. Jahrhundert, Freiburg 1996

Grüntgens, Max/Dominik Kasper: Die Entwicklung eines nationalen Identitätsbewusstseins in den von Napoleon besetzten Ländern, in: Studentische Onlinezeitschrift für Geschichte und Geschichtsdidaktik 2 (1/2012) S. 107-122

Hoffmann, Peter: Napoleons Russlandfeldzug 1812 und die Befreiungskriege 1813 bis 1815 in der deutschen Geschichtsschreibung nach 1945, in: Zeitschrift für Geschichtswissenschaft (61/2013) S. 30-40

Kant, Immanuel: Beantwortung der Frage: Was ist Aufklärung?, in: Berlinische Monatsschrift (4/1783) S. 481.

Möller, Frank (Hrsg.): Charismatische Führer der deutschen Nation, München 2004

Planert, Ute: Wann beginnt der moderne deutsche Nationalsozialismus? Plädoyer für eine nationale Sattelzeit, in: Echternkamp, Jörg/Müller, Sven Oliver (Hrsg.): Die Politik der Nation. Deutscher Nationalsozialismus in Krieg und Krisen 1760-1960, München 2002

Rogosch, Detlef: Das Heilige Römische Reich Deutscher Nation und die Entstehung des deutschen Nationalgefühls, in: Timmermann, Heiner (Hrsg.): Die Entstehung der Nationalbewegung in Europa 1750-1849, Berlin 1993

Süßmann, Johannes: Vom Alten Reich zum Deutschen Bund 1789-1815. Seminarbuch Geschichte, Berlin 2015

Treue, Wilhelm: Deutsche Geschichte von 1806 bis 1890. Vom Ende des Alten bis zur Höhe des neuen Reiches, Berlin 1961

von Sayn-Wittgenstein-Berleburgs, Adolph Peter Graf: Napoleons edle Handlungen gegen den Rheinbund, den Papst, und seine wohlwollende Gesinnungen gegen die Deutschen, Nordrhein-Westfalen 1813, S. 14-16

Internetquellen:

Bundeszentrale für politische Bildung (21.01.2010), Europa unter Modernisierungsdruck.
Verfügbar unter: https://www.bpb.de/shop/zeitschriften/izpb/142105/1800-bis-1850/
(zugegriffen am 05.03.2022).

Bundeszentrale für politische Bildung (08.08.2012), Das 19. Jahrhundert.
Verfügbar unter: https://www.bpb.de/shop/zeitschriften/izpb/142105/1800-bis-1850/
(zugegriffen am 05.03.2022).

Bundeszentrale für politische Bildung (08.08.2012), Europa 1800-1850.
Verfügbar unter: https://www.bpb.de/shop/zeitschriften/izpb/142105/1800-bis-1850/
(zugegriffen am 05.03.2022).

Bundeszentrale für politische Bildung (21.01.2010), Europa unter Modernisierungsdruck.
Verfügbar unter: https://www.bpb.de/shop/zeitschriften/izpb/142105/1800-bis-1850/
(zugegriffen am 05.03.2022).

Demokratie Geschichten (05.05.2021), Napoleon und die Demokratie in Deutschland.
Verfügbar unter: https://www.demokratiegeschichten.de/napoleon-und-die-demokratie-in-deutschland/ (zugegriffen am 04.03.2022).

Spiegel Politik (28.11.2004), Der Vater Europas.
Verfügbar unter: https://www.spiegel.de/politik/der-vater-europas-a-c61d2598-0002-0001-0000-000038016980?context=issue (zugegriffen am 06.03.2022).

BEI GRIN MACHT SICH IHR WISSEN BEZAHLT

- Wir veröffentlichen Ihre Hausarbeit, Bachelor- und Masterarbeit
- Ihr eigenes eBook und Buch - weltweit in allen wichtigen Shops
- Verdienen Sie an jedem Verkauf

Jetzt bei www.GRIN.com hochladen und kostenlos publizieren